COMITÉ DÉPARTEMENTAL

DE SECOURS

AUX BLESSÉS MILITAIRES

ET

AUX FAMILLES DES SOLDATS DE LOT-ET-GARONNE

ASSEMBLÉE GÉNÉRALE DU 15 MAI 1872

AGEN

IMPRIMERIE DE PROSPER NOUBEL

M. DCCC. LXXII

COMITÉ DÉPARTEMENTAL DE SECOURS

AUX BLESSÉS MILITAIRES

ET

AUX FAMILLES DES SOLDATS DE LOT-&-GARONNE

ASSEMBLÉE GÉNÉRALE DU 15 MAI 1872

SOCIÉTÉ DE SECOURS

AUX BLESSÉS MILITAIRES

ET

AUX FAMILLES DES SOLDATS DE LOT-&-GARONNE.

COMITÉ DÉPARTEMENTAL.

Assemblée générale du 15 Mai 1872.

PRÉSIDENCE DE M. LE PREMIER PRÉSIDENT RÉQUIER.

Le quinze mai mil huit cent soixante-douze, les membres du Comité départemental de secours aux blessés militaires et aux familles des soldats de Lot-et-Garonne se sont réunis dans la grande salle de l'Hôtel de la Préfecture, sous la présidence de **M. Réquier,** Premier Président de la Cour d'appel, Président du Comité, assisté de MM. DE TRENQUELLÉON et DE BASTARD, *Vice-présidents,* et de M. Léon GOUX, *Secrétaire-général adjoint.*

M. le Préfet et M. le Trésorier-payeur-général ont pris place à côté de M. le Président.

M. DE GAURAN, Président du Comité d'arrondissement de Marmande, qui avait reçu, comme ses collègues de Nérac et de Villeneuve, une lettre d'invitation, était présent à la séance. M. Ducasse, Président du Comité de Villeneuve, a adressé une lettre d'excuses, étant empêché pour raison de santé.

La séance ayant été ouverte à huit heures et demie du soir, M. Sanson, l'un des Secrétaires, a fait, au nom du Bureau, le rapport suivant :

Messieurs,

Quoique neuf mois se soient écoulés depuis notre dernière assemblée générale, vous n'avez point oublié, certainement, le rapport plein d'intérêt que vous fit notre honorable collègue, M. Labat.

En rendant compte des faits accomplis jusqu'alors, il vous disait que les circonstances qui avaient donné lieu à la formation de notre Comité tendaient à disparaitre.

Elles ont disparu, en effet, mais en laissant, hélas ! dans nos cœurs un profond sentiment de tristesse !

Aujourd'hui, Messieurs, votre Bureau vient vous faire connaitre comment il s'est conformé au vote émis dans votre réunion du 17 juillet 1871.

Ce vote, vous vous le rappelez, avait un triple but :

1° Envoyer aux Eaux thermales les blessés à qui ce complément de traitement serait reconnu nécessaire ;

2° Allouer des secours d'une certaine importance aux soldats amputés ou invalides rentrés dans leurs foyers ;

3° Accorder une semblable allocation aux familles qui, ayant perdu un de leurs membres durant la guerre, en ont éprouvé un préjudice notable.

Le premier de ces actes de bienfaisance a pu être accompli à l'égard de douze blessés. Ils ont profité de la période thermale de septembre 1871, et nous avons eu la satisfaction d'apprendre que leur déplacement n'a pas été infructueux.

Mais ces douze blessés n'étaient pas les seuls qui avaient besoin du secours des Eaux ; d'autres demandes nous furent adressées ; malheureusement elles nous parvinrent alors que les établissements thermaux n'étaient plus ouverts aux admissions gratuites.

Ces demandes vont, sans nul doute, se renouveler dans peu de jours, afin de profiter du bénéfice des Eaux pendant le mois de juin. Nous vous soumettrons nos prévisions à ce sujet, dans le cours du présent rapport.

Examinons, d'abord, notre situation financière :

Au 30 juin 1871, il fut constaté que l'ensemble de nos recettes s'était porté à.................................. 166.140f 65
Et qu'il avait été dépensé........... .... 97,243 26

Le reste disponible était donc de... 68.897 39

Depuis lors, votre Bureau a ramené à exécution votre décision du 17 juillet 1871, en mandatant, au nom de l'Hospice d'Agen, la somme de 6,000 fr. que vous lui avez allouée, afin de l'indemniser, en partie, des dépenses occasionnées par l'ambulance organisée dans cet établissement.

Les autres dépenses faites du 1er juillet 1871 jusqu'au 30 avril dernier, sont les suivantes :

Indemnité aux douze blessés envoyés aux Eaux.................................... 1.420f »
Secours à d'autres blessés et à des familles, au nombre de 57.............................. 3.333 80
Remboursement au Lycée d'Agen, pour remise

A reporter........ 4.753 80

Report............	4.753 80
en bon état des effets de literie prêtés à l'ambulance du Grand-Séminaire................	766 45
Frais d'impressions.....................	222 »
Et pour dépenses diverses, telles que salaires du concierge, du commissionnaire, etc.........	241 25
TOTAL	5.983 50
En ajoutant cette somme aux.............. déjà dépensés au 30 juin 1871 ;	97.243 26
Plus, les 6,000 fr. alloués à l'Hospice, ci.....	6.000 »
Nous constatons que les dépenses au 30 avril dernier se sont élevées à....................	109.226 76

Voyons, maintenant, quelles sont les ressources dont nous pouvons encore disposer.

Le chiffre principal va nous en être fourni par la reddition de compte que M. Famin, votre Trésorier, eut à faire avant son départ.

Les comptes furent rendus dans les mains de M. Gladi, spécialement délégué à cet effet par votre Bureau ; ils furent reconnus parfaitement exacts.

M. Gladi reçut donc les registres et les fonds appartenant au Comité, et, aussitôt après, votre Bureau décida que ces fonds seraient confiés à M. Guizot, banquier, et placés en compte courant, avec intérêt à 3 p. 0/0. Ce qui fut accepté.

La remise des fonds eut lieu le 25 novembre 1871 ; ils s'élevaient à la somme de 52,216 fr. 72.

Au 30 avril dernier, M. Guizot était comptable envers le

Comité, en capital et intérêts, — déduction faite des divers mandats qu'il a eu à payer — de la somme de....... 52.203f 64

A cette ressource, nous avons eu à ajouter un reliquat des fonds de l'Etat, de.................. 5.272 »

Et le restant en caisse des Comités................
- de Marmande. 6.124 50
- de Nérac..... 2.605 70
- de Villeneuve. 5.427 50

Ce qui nous donne un total général de.. 71.633 34

C'est donc de l'emploi de cette ressource que nous avons eu à nous occuper, afin d'assurer l'entière exécution du vote émis dans l'assemblée générale précitée du 17 juillet.

En conséquence, votre Bureau a consacré tous ses soins à rechercher les soldats amputés ou invalides rentrés dans leurs foyers, et les familles qui ont éprouvé un préjudice notable de la perte d'un de leurs membres.

Pour atteindre ce but, nous nous sommes adressés, d'abord, à MM. les Maires.

Vous ne trouverez pas inopportun, Messieurs, que je vous donne lecture de la circulaire envoyée à ces utiles auxiliaires, sous la date du 4 décembre 1871. Elle vous prouvera avec quelle sollicitude nous nous sommes efforcés de remplir vos vues.

Cette circulaire s'exprimait ainsi :

MONSIEUR LE MAIRE,

Le Comité départemental de secours aux blessés militaires a décidé que l'excédant de ses ressources serait réparti entre les familles *indigentes* dont un des membres a succombé pendant la guerre de 1870-71, ou a été atteint, soit de blessures graves, soit d'infirmités irrémédiables contractées durant la campagne.

Afin de faire cette distribution de la manière la plus équitable, il s'adresse à ceux qui l'ont déjà secondé dans ses travaux ; et il compte, en particulier, sur le concours de MM. les Maires et Adjoints. Placés près des intéressés, ils ont déjà appris, par la nature même de leurs fonctions, quelles sont, dans l'étendue de leur commune, les familles rentrant dans l'une des deux catégories qui viennent d'être indiquées.

Je vous prie, en conséquence, Monsieur le Maire, de vouloir bien nous signaler ceux de vos administrés qui, par suite des malheurs de la guerre, sont aujourd'hui privés de leur *indispensable soutien*, et qui se recommandent par leur état nécessiteux aux libéralités du Comité de secours.

Vous trouverez ci-inclus un état ou cadre de tableau imprimé, sur lequel nous vous serons obligés de consigner leur nom, avec toutes les indications nécessaires pour bien déterminer leur position.

Vous remarquerez que ce tableau n'est pas affecté aux veuves, ni aux orphelins. Pour eux, la Préfecture a déjà reçu de vous d'utiles renseignements qui ont été communiqués au Comité. Cependant, si vous aviez à fournir sur leur compte des éclaircissements nouveaux, vous pourriez les placer au *verso* de l'imprimé ci-inclus ; le Comité les accueillerait avec reconnaissance.

Il est possible que votre commune ait été assez favorisée pour ne renfermer aucune des situations malheureuses auxquelles le Comité se propose de venir en aide. Dans ce cas, il vous suffira d'insérer sur l'état le mot *Néant*, et de nous le renvoyer après l'avoir certifié.

Mais, dans l'hypothèse contraire, vous aurez la bonté de signaler les familles qui réunissent les deux conditions indispensables pour recevoir un secours : — La première, c'est qu'un de leurs membres soit mort sous les drapeaux, ou soit rentré invalide dans ses foyers ; et de là, nécessité de bien préciser dans quelles circonstances est survenu l'événement malheureux donnant des titres au secours et quelle en a été la gravité ; — La seconde, c'est que les familles soient réellement indigentes et aient éprouvé, du malheur qui les a frappées, un préjudice grave.

L'indemnité ne sera accordée qu'autant que le militaire tué ou blessé était *essentiellement utile à sa famille.*

Les diverses colonnes de l'état que nous vous envoyons ont été établies de manière à faciliter ces renseignements. Nous vous prions de vouloir bien les remplir avec soin. Dans vos indications, vous devrez mettre en relief, parmi les membres d'une même famille, la personne qui, à vos yeux, mérite d'être principalement le bénéficiaire du secours.

Dans le cas où vous auriez en main, soit des papiers relatifs aux militaires tués ou blessés, soit des renseignements écrits émanés de personnes dignes de foi, veuillez en faire un dossier, et les annexer à l'état, comme pièces à l'appui. Tous ces documents pourront être utilement consultés.

Lorsque votre état sera terminé, et nous voudrions qu'il pût l'être *dans la huitaine de sa réception*, veuillez l'adresser, avec toutes pièces à l'appui, au Présinent du Comité de secours de votre arrondissement, par les soins duquel vous recevrez cette circulaire.

L'Administration des postes veut bien favoriser notre œuvre en accordant la franchise à sa correspondance. En conséquence, votre envoi sera fait régulièrement sous bande, contresignée par vous, avec la suscription suivante : à M. le Président du Comité de secours aux blessés militaires, à................
(Indication du chef-lieu d'arrondissement.)

Agréez, etc.

Le Président du Comité départemental, 1er *Président de la Cour d'appel d'Agen,*

J. RÉQUIER.

Les états demandés nous sont parvenus, et les Comités d'arrondissement les ont accompagnés d'observations qui témoignent de leur concours dévoué et dont nous avons apprécié l'utilité.

Enfin, après nous être entourés de tous les renseignements propres à rendre bonne et équitable justice, un premier travail de classement de toutes les demandes a été l'objet des soins attentifs de vos Secrétaires.

Ce classement a été ensuite contrôlé par votre Bureau, de la manière la plus scrupuleuse et famille par famille. Cinq séances ont été consacrées à ce contrôle, et c'est de son résultat que nous allons avoir l'honneur de vous entretenir.

311 familles étaient inscrites sur les états des Maires.

L'arrondissement d'Agen en comptait............	108
Celui de Marmande................................	82
Celui de Nérac...................................	64
Celui de Villeneuve..............................	57
TOTAL ÉGAL............	311

Du travail de contrôle il est résulté que 54 de ces familles ont été reconnues n'avoir pas eu à souffrir sérieusement du fait de la guerre et que, soit par leur position de fortune, soit par les allocations temporaires antérieurement accordées, il n'y avait pas lieu de les comprendre dans une nouvelle répartition.

Ces familles appartiennent :

       17 à l'arrondissement d'Agen,
       10 à celui de Marmande,
       16 à celui de Nérac,
       11 à celui de Villeneuve,

TOTAL ÉGAL.   54

Reste, dès lors, 257 familles à qui des secours sont réellement nécessaires.

Le malheur qui les a frappées n'étant pas d'egale importance pour toutes, nous avons dû proportionner la quotité du secours au degré du mal éprouvé.

En conséquence, nous avons classé ces familles en trois catégories, selon leur ordre de mérite.

La 1re catégorie comprend 60 familles, domiciliées :

> 18 dans l'arrondissement d'Agen,
> 25 dans celui de Marmande,
> 9 dans celui de Nérac,
> 8 dans celui de Villeneuve.

Total.... 60

La 2e catégorie contient 103 familles, appartenant :

> 33 à l'arrondissement d'Agen,
> 27 à celui de Marmande,
> 20 à celui de Nérac,
> 23 à celui de Villeneuve.

Total.. 103

Enfin, la 3e catégorie compte 94 familles, résidant :

> 40 dans l'arrondissement d'Agen,
> 20 dans celui de Marmande,
> 19 dans celui de Nérac,
> 15 dans celui de Villeneuve.

Total... 94

La position de chacune de ces familles, atteintes de façons diverses par le fléau de la guerre, se résume ainsi :

Militaires blessés...................... 51 (¹)
Veuves de militaires décédés............ 36 (²)
Ascendants dont les fils sont également morts.... 169 (³)
Orphelin de père et mère (âgé de 3 ans)..... 1 (⁴)

TOTAL ÉGAL aux familles secourues..... 257

Avant d'affecter une quotité déterminée à chacune de ces catégories, nous avons à vous entretenir, Messieurs, d'une demande qui nous a été faite par Mgr l'Évêque d'Agen.

Sa Grandeur a été invitée à prêter son puissant et paternel concours à l'OEuvre des Orphelins de la Guerre, pour laquelle des souscriptions ont été recueillies.

Mgr l'Évêque, appréciant le bien que cette idée généreuse peut apporter aux jeunes enfants privés de leur principal soutien, s'est dévoué à l'entreprise.

Or, comme les ressources du Comité sont destinées précisément aux victimes de la guerre, il a pensé que nous n'hésiterions pas à apporter un utile contingent à son bienfaisant patronage.

En conséquence, Monseigneur nous a demandé une allocation spéciale.

Votre Bureau, Messieurs, a mûrement réfléchi à cette demande, et il pense qu'il convient de l'accueillir favorablement.

(¹) 31 dans l'arrondissement d'Agen, 6 dans celui de Marmande, 3 dans celui de Nérac, et 6 dans celui de Villeneuve.

(²) 15 dans l'arrondissement d'Agen, 11 dans celui de Marmande, 4 dans celui de Nérac, et 6 dans celui de Villeneuve.

(³) 44 dans l'arrondissement d'Agen, 55 dans celui de Marmande, 36 dans celui de Nérac, et 34 dans celui de Villeneuve.

(⁴) Dans l'arrondissement d'Agen.

De ces chiffres il résulte que c'est l'arrondissement de Villeneuve qui a le moins souffert de nos récents malheurs.

Les fonds seront gérés et distribués au fur et à mesure des besoins, avec la sollicitude que ce vénéré Prélat sait toujours mettre dans les œuvres de charité.

Les jeunes enfants, leurs mères, seront l'objet de soins, de conseils très salutaires, et nous n'aurons ainsi qu'à nous féliciter d'avoir participé, une fois de plus, à un acte de bienfaisance.

Nous vous proposons, en conséquence, de prélever une somme de 6,000 fr. sur le crédit disponible.

D'un autre côté, et comme nous vous le disions en commençant, nous avons à mettre en réserve une somme suffisante pour accorder des secours spéciaux à ceux des soldats blessés qui ont encore besoin d'aller aux Eaux thermales.

Nous estimons que cette réserve ne saurait dépasser un maximum de 2,000 fr.

Enfin, nous sommes d'avis de laisser également dans la caisse de M. Guizot la somme de 723 fr. 34, afin de parer, non seulement à des cas imprévus, mais aussi aux frais d'impression résultant de la décision que vous allez prendre, et aux frais de location d'une remise où sont déposés des objets d'ambulance appartenant au Comité, et dont nous vous parlerons tout à l'heure.

Les trois sommes précitées forment un total de   8.723 34
En le déduisant de notre encaisse qui est de... 71.633 34

Nous aurons encore à notre disposition la somme de.......................... 62.910 »

Voici quelle serait la répartition de cette ressource, entre les trois catégories de secourus, indiquées plus haut.

Aux personnes de la 1re catégorie, nous allouerions un secours individuel de 400 fr. soit en total... .... 24.000 »

Report............	24.000f »
Aux 103 personnes de la 2e catégorie, un secours de 250 fr., soit......................	25.750 »
Et aux 94 familles de la 3e catégorie, un secours de 140 fr., soit en total..................	13.160 »
TOTAL égal............	62.910 »

D'après cette répartition, l'arrondissement d'Agen recevrait.....................	21.050 »
Celui de Marmande.............	19.550 »
Celui de Nérac................	11.260 »
Celui de Villeneuve.............	11.050 »
TOTAL semblable........	62.910 »

Si vous adoptez toutes ces prévisions, la somme totale des fonds qui auront été employés par le Comité se sera élevée à 180,860 fr. 10 c., chiffre égal à celui des ressources mises à sa disposition, et qui se décompose comme suit :

Subvention de l'Etat.....................	46.000 »
Souscriptions volontaires centralisées.........	120.140 65
Apport des 3 Comités d'arrondissement.......	14.157 70
Intérêts des fonds déposés chez M. Guizot.....	561 75
TOTAL égal...........	180.860 10

Il nous reste, maintenant, Messieurs, à vous indiquer la marche qui sera suivie pour faire parvenir régulièrement, promptement et sans frais, aux destinataires les secours dont nous venons de parler.

Dans notre combinaison, le concours de M. le Trésorier-payeur-général nous était nécessaire, et nous avons été heureux de trouver chez cet honorable fonctionnaire l'obligeance la plus empressée.

Voici donc ce qui a été convenu :

Aussitôt votre décision rendue, les fonds disponibles à Agen et dans les trois autres chefs-lieux d'arrondissement seront versés à la caisse du Trésorier-payeur et à celle des Receveurs particuliers. Immédiatement après, des mandats individuels, dont la formule spéciale a été rédigée de concert, seront délivrés par votre Président et revêtus du *Vu Bon à payer*, du Trésorier-payeur.

Ces mandats seront ensuite envoyés par nous aux Maires, pour être remis aux intéressés, à qui nous en donnerons directement avis, et ceux-ci signeront un récépissé, dont nous fournirons le cadre aux Maires. Ces récépissés nous seront renvoyés, à titre de justification.

De cette manière, nous avons tout lieu de compter qu'aucune erreur ne sera commise.

Enfin, Messieurs, il est un dernier détail à vous soumettre :

Nous voulons parler des objets d'ambulance pour lesquels un loyer est payé.

Ces objets consistent :

1° En trois voitures semblables à celle déjà donnée aux Petites Sœurs des Pauvres, et que vous connaissez tous ;

2° En cacolets, tentes de campement, sacs d'infirmiers, harnais dépareillés, etc.

3° En trois barils pour boisson et six caisses renfermant quelques ustensiles destinés aux pansements que les médecins pouvaient avoir à faire de prime abord.

Ces divers objets sont relégués dans une grande pièce de l'établissement de la Remonte.

Absolument sans emploi aujourd'hui, ils ne peuvent que dépérir, et nous ne voyons pas qu'il y ait convenance et profit sérieux à les vendre.

Votre Président, Messieurs, a reçu une demande de Mme la Supérieure des Sœurs dites Orphelines, de notre ville, à l'effet d'obtenir l'une des voitures. Cette demande est recommandée par M. l'abbé Manec, Vicaire-général. Sans doute, il n'y a pas eu d'ambulance dans cet asile, comme il y en a eu aux Petites-Sœurs, mais Mme la Supérieure fait remarquer que, pendant la guerre, ses Sœurs ont soigné un grand nombre de blessés, et que, pour quelques-uns, les soins continuent encore.

Par ces motifs, votre Bureau vous propose d'accorder la voiture demandée.

Quant aux deux autres, de même que pour les divers objets énoncés plus haut, nous vous proposons de les confier aux Etablissements charitables qui pourront, au besoin, les employer utilement.

De cette manière le Comité sera affranchi de tous frais de magasinage.

Toutes ces choses entièrement accomplies, il nous restera en main les Registres, Tableaux, Bulletins et Correspondances du Comité. Ces documents doivent être conservés, et il nous a paru que le lieu le plus propre à cette conservation était les Archives de la Préfecture. Nous avons tout espoir que M. le Préfet n'y mettra point obstacle.

Si donc vous n'avez aucune objection à faire, il en sera ainsi ; et notre œuvre, commencée le 11 août 1870, prendra fin aujourd'hui.

Le Comité départemental va donc se dissoudre.

Séparons-nous, Messieurs, avec conscience d'avoir pris part à une œuvre généreuse, qui n'aura pas été inutile, puisqu'au milieu de nos malheurs publics elle a adouci quelques souffrances et apporté des consolations au sein des familles les plus éprouvées.

L'expression de ce sentiment fut énoncée dans notre séance générale du 17 juillet 1871, et c'est en la renouvelant que je termine mon Rapport.

A la suite de cette lecture, M. le Président consulte l'assemblée, et après quelques observations de M. le Président et des membres du Comité, les conclusions du rapport sont admises à l'unanimité:

Avant de lever la séance, M. le Président prend la parole.

Il adresse des remerciments aux souscripteurs, dont les offrandes généreuses ont fourni au Comité les moyens d'accomplir son œuvre, aux Sœurs de charité qui ont soigné avec tant de dévouement les malades et les blessés de l'armée, et à tous ceux qui ont bien voulu se consacrer avec elles au service des ambulances du département.

M. le Président se félicite de la bonne harmonie qui n'a pas cessé de régner entre le Comité central et les Comités des arrondissements. Grâce au zèle et à la bonne volonté qu'ils ont tous apporté dans l'accomplissement de leur mission, les opérations de la Société, qui ont duré près de deux ans, se terminent sans avoir soulevé une seule difficulté, sans avoir été l'occasion d'un seul froissement.

L'Administration des finances, ajoute M. le Président, a droit aussi à la reconnaissance du Comité pour le concours empressé qu'elle a bien voulu lui prêter. Par son intermédiaire, les familles assistées ont reçu avec la plus grande exactitude et sans déplacement, les sommes qui leur ont été allouées.

Cette entente cordiale, dit en terminant M. le Président, qui avait réuni tous les partis sur le terrain commun de la charité, nous a donné, au milieu de tous nos malheurs, une consolation bien douce, dont nous ne perdrons pas le souvenir. Si nous n'avons pas pu réparer tous les maux de la guerre, nous emportons du moins la satisfaction d'en avoir adouci les souffrances.

Le présent procès-verbal sera imprimé et distribué aux membres du Comité départemental et aux Comités d'arrondissement.

La séance est levée à neuf heures et demie.

Le Secrétaire-général adjoint,

Léon **GOUX**.

Comité départemental de Secours aux blessés et aux familles des soldats de Lot-et-Garonne.

Président : M. J. Réquier, 1er Président de la Cour d'appel.

Vice-Présidents : MM. Aunac, banquier,
Baron de Bastard, propriétaire,
Guizot, ancien Receveur général,
de Trenquelléon, anc. Cons. général.

Secrétaire général : F. Gladi, avocat.

Secrétaire général adjoint : L. Goux, avocat.

Secrétaires :
{ MM. de Bellegarde, Juge suppléant,
Ducos, Juge au Tribunal civil,
A. Fabre, avoué,
G. Labat, Conseiller à la Cour,
Sanson, ancien Chef de division,
Séré, avocat.

MM. d'Aiguillon, propriétaire. — Amblard, docteur en médecine. — Auvergnon, entrepreneur. — Barrau, avocat. — de Bavay, directeur des contributions indirectes. — Belloc, greffier en chef de la Cour. — Besse, avocat. — Beaugrand, conseiller à la Cour. — de Bibal, docteur en médecine. — Abbé Bordes, vicaire-général. — Bouet père, président honoraire à la Cour. — Bouet fils, juge d'instruction. — Bruchet, négociant. — De Calmel-Puntis, conseiller à la Cour. — De Calmel-Puntis, procureur de la République. — Abbé Capot, chanoine. — Cassaigneau, conseiller à la Cour. — Chairou fils, juge au Tribunal de commerce. — Chaudeborde, agent de change. — Corbière, pasteur protestant. — Davan, ancien agent-voyer-chef. — Delbreil, pharmacien. — Descressonnières, conseiller de Préfecture honoraire. — Delzolliés, propriétaire. — Dupérié, docteur en médecine. — Dussouy, inspecteur d'académie. — Fournel père, 1er avocat-général. — Fournel fils, avocat. — De Gaulejac, docteur en médecine. — Gimbrède, négociant. — Goux, docteur en médecine. — Hugon, négociant. — Josse, directeur de l'enregistrement et des domaines. — Jounqua, entrepreneur. — Labesque, docteur en médecine. — Laboulbène, avoué. — Lacroix, ingénieur en chef. — De Laffore, docteur en médecine. — De Laffore, ancien adjoint. — Lamy, rédacteur en chef du *Journal de Lot-et-Garonne*. — Laroche, avocat. — De Lassale, avocat. — Laurans, négociant. — Lerou, ancien adjoint. — G. Londie, banquier. — Abbé Magen, curé de Saint-Hilaire. — Magen, secrétaire perpétuel de la Société d'agriculture, sciences et arts. — Abbé Manec, vicaire général. — Massias, président du Tribunal de commerce. — G. Menne, avocat. — Meynot, ancien officier du génie. — Moullié, conseiller à la Cour. — Noubel père, imprimeur. — Abbé Pagua, curé de Notre-Dame. — Phiquepal-d'Arusmont, conseiller à la Cour. — Pontié, directeur des postes. — Pouydebat, vice-président du conseil de préfecture. — Rabain, imprimeur. — Rotch Barsalou, ancien député. — Sabatié fils, négociant. — Salse, docteur en médecine. — Abbé Sérougne, curé de Sainte-Foi. — Solacroup, banquier. — Soubies, négociant. — Tournié, ancien conseiller municipal. — Tropamer, président de chambre à la Cour. — Vacquéry, aîné, avocat. — Vayssières, négociant.

Présidents des Comités d'arrondissement :

A Marmande.   MM. *De Gauran*, aujourd'hui conseiller à la Cour.
A Nérac. ...   *Laroze*, ancien maire.
A Villeneuve..   *Ducasse*, président du Tribunal de commerce

Agen, imprimerie de P. Noubel.

www.ingramcontent.com/pod-product-compliance
Lightning Source LLC
Chambersburg PA
CBHW060611050426
42451CB00011B/2190